Denkmäler ehrwürdiger Persönlichkeiten tragen überdimen[...]
Fahrräder werden am Geländer festegehäkelt und Bauruine[...]
Häkellook – wer die Spuren von gestricktem und gehäkeltem Gr[...]
Lächeln meist nicht unterdrücken. Wer freut sich nicht über e[...] Farbe und Wärme im
uniformen Städtegrau? Zweifelsohne, die bunten Kreationen der Handarbeitsanarchisten
gehören zu den freundlichsten Vertretern der eigentlich so rauen Straßenkunst. Das Prinzip
ist einfach. Garn, Nadeln und ein paar fachkundige Hände erobern den öffentlichen Raum.
Das Ergebnis: weich eingehüllte Pfosten, Zäune, Straßenschilder. Die Wollvariante des
Graffitis ist sanfter als sein hartes Vorbild. Einfacher entfernen lässt es sich auch. Meist
genügt ein kleiner Schnitt (oder auch nur ein kräftiger Zug), um das für jeden zugängliche
Kunstwerk rückstandslos zu entfernen. Täuschen lassen sollte man sich vom harmlosen
Auftritt der Guerillaknitter trotzdem nicht. Denn das Konzept der Urban Knits ist komple-
xer, als das meist einfache Maschenbild auf den ersten Blick erscheinen lässt.
Gestricktes und gehäkeltes Graffiti findet man meist dort, wo die Urbanisierung der Welt
am deutlichsten ihren Stempel aufgedrückt hat. Die bunten Kreationen sind eine Absage an
gleichförmige Städteplanung, Vernachlässigung und Detailverlust. Und im gleichen Maße
eine Abkehr von postmodernen Tugenden. Die meist sinnfreien Installationen (keine Ampel
braucht im eigentlichen Sinne eine warme Hülle, ebenso wenig ihr Betrachter) benötigen für
ihre Entstehung Kapital und Zeit – bringen aber unter Garantie keinen Profit. Wer seine
Handarbeit seinen Zeitgenossen und den Elementen ungeschützt zur Verfügung stellt, muss
lernen loszulassen. Denn wie lange das handgemachte Stück den öffentlichen Auftritt über-
lebt, hängt alleine vom Wohlwollen der Umgebung ab.

Simone Werle

NO PETROL
PRODUCTS
ARE IN
THIS
SQUARE

19

All **energi** på matchen

28

ST FRANCIS HOUSE

49

50

Manufactured by
Victor Stanley, Inc.
Dunkirk, Maryland 20754 U.S.A.
Tel: (301) 855-8300 • Fax: (410) 257-7579
Toll Free: 1-800-368-2573

51

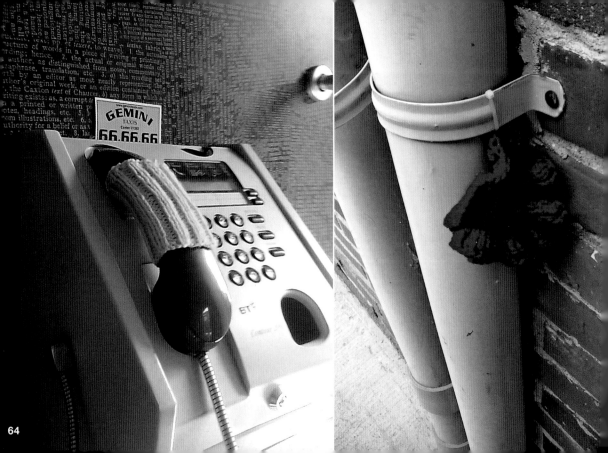

www.Savtaconnection.com

69

PAY TO PARK

It's not illegal to be white...yet.
www.TIGHTROPE

Front & back cover: The Iknit Brisbane Community Knitting and
Crochet project 2010, Brisbane, Australia

© Prestel Verlag, Munich • London • New York, 2011
© of all photos by the individual photographers or artists, 2011,
see pages 92-93

Prestel Verlag, Munich
A member of Verlagsgruppe Random House GmbH

Prestel Verlag
Neumarkter Strasse 28
81673 Munich
Tel. +49 (0)89 4136-0
Fax +49 (0)89 4136-2335

www.prestel.de

Prestel Publishing Ltd.
4 Bloomsbury Place
London WC1A 2QA
Tel. +44 (0)20 7323-5004
Fax +44 (0)20 7636-8004

www.prestel.com

Prestel Publishing
900 Broadway, Suite 603
New York, NY 10003
Tel. +1 (212) 995-2720
Fax +1 (212) 995-2733

Library of Congress Control Number is available;
British Library Cataloguing-in-Publication Data: a catalogue
record for this book is available from the British Library;

Deutsche Nationalbibliothek holds a record of this publication
in the Deutsche Nationalbibliografie; detailed bibliographical
data can be found under: http://dnb.d-nb.de

Prestel books are available worldwide. Please contact
your nearest bookseller or one of the above addresses for
information concerning your local distributor.

Translated from the German by Paul Aston, Rome
Project management by Claudia Stäuble
Editorial assistance by Katharina Knüppel
Copyedited by Jonathan Fox, Barcelona
Art direction by Cilly Klotz
Production by Astrid Wedemeyer
Cover and Layout by Benjamin Wolbergs, Berlin
Origination by ReproLine Mediateam
Printing and Binding: Tlačiarne BB spol. s r. o., Banská Bystrica

MIX
From responsible
sources
FSC® C022120

Verlagsgruppe Random House FSC-DEU-0100
The FSC-certified paper Hello gloss produced by
mill Sappi has been supplied by Deutsche Papier.

Printed in Slovakia

ISBN 978-3-7913-4478-2